最后的记忆

慈溪市第三次全国文物普查成果图集（上）

慈溪市文物管理委员会办公室 编

文物出版社

责任印制　张道奇

责任编辑　侯　莉

图书在版编目（ＣＩＰ）数据

最后的记忆 ： 慈溪市第三次全国文物普查成果图集
/ 慈溪市文物管理委员会办公室编. -- 北京 ： 文物出版
社，2012.12
　　ISBN 978-7-5010-3615-8

　　Ⅰ. ①最… Ⅱ. ①慈… Ⅲ. ①文物－考古发现－慈溪
市－图集 Ⅳ. ①K872.553-64

中国版本图书馆CIP 数据核字(2012)第 269309 号

最后的记忆——慈溪市第三次全国文物普查成果图集

慈溪市文物管理委员会办公室　编

出版发行	文物出版社
社　　址	北京市东直门内北小街 2 号楼
网　　址	www.wenwu.com
邮　　箱	web@wenwu.com
制　　版	杭州杭新印务有限公司
印　　刷	杭州杭新印务有限公司
经　　销	新华书店
开　　本	889×1194　1/16
印　　张	70
版　　次	2012 年 12 月第 1 版
印　　次	2012 年 12 月第 1 次印刷
书　　号	ISBN 978-7-5010-3615-8
定　　价	（全三册）580.00 元

《最后的记忆》编委会

顾　　　问：张定伟　戴南璋

编委会主任：虞银飞　张伯传

副　主　任：张巧平　黄荣丰

委　　　员：厉祖浩　严宝如　洪　甜　徐宏鸣　谢纯龙

主　　　编：徐宏鸣

副　主　编：王丽莉　房稷贝

序

PREFACE

慈溪之名,源出旧时县治南面大隐的一条小山溪。因为有东汉董黯"母慈子孝"的故事,小溪得名慈溪;又因为小溪之名,唐时置县便以溪名为县名。虽然到了唐代才有名字,但这片土地上,早在七千年前就已活跃着以河姆渡文化闻名于今的史前人类。后来的历朝历代更是人杰辈出,东汉高士严子陵、初唐书法家虞世南、南宋名儒黄震、清宫廷学者高士奇、爱国华侨吴锦堂、上海滩闻人虞洽卿、辛亥革命先驱马宗汉、教育理论家杨贤江、工笔花鸟画大师陈之佛、园艺学家吴耕民、教育家林汉达等,一代代才俊各放异彩,各领风骚。

纵观慈溪历史,有几个重要篇章是不能不提的。徐福东渡:秦代徐福达蓬山扬帆出海,东渡日本的壮举在三北大地广为传颂,虽是遵秦皇之命去寻找长生之药,却客观上成就了人类早期航海领域的大胆尝试,也给日本岛的文明发展送去了重大推动力。越窑青瓷:东汉到南宋,上林湖千年薪火不绝,越窑青瓷既是中国瓷器历史上前半程的绝对主角,也为后半程各大名窑异彩纷呈奠定了坚实基础;上林湖是最早烧制青瓷的地区之一,更是唐宋越窑青瓷鼎盛时期的中心产地,产品还经由"海上丝绸之路"远销海外。晒海煮盐:始于唐,盛于宋,一直持续到新中国成立后,慈溪盐业生产起步早,产量大,延续久,历史地位显著,一度获得"浙江盐都"之誉。筑海围塘:北宋以来的筑塘围垦,直至今日从未停止,"唐涂宋地"的说法折射出慈溪人民争取生存空间、抗衡自然的魄力,也为今天的慈溪开辟出三分之二的土地。

慈溪独特的地理位置和悠久的历史文脉,数千年来的历史文化积淀,孕育了厚重的文化底蕴和丰厚的历史遗存,形成青瓷文化、围垦文化、移民文化、慈孝文化等融为一体的地域文化,也留下了大量的文物资源。这些宝贵的文物古迹和文化资源,是不可再生、不能替代的宝贵财富,深深扎根在慈溪这片土地上,是历代慈溪劳动人民所创造灿烂文化的物化存在,是我们当代乡土的精神情感、道德传统、凝聚力与亲和力的载体。

今天的慈溪，已是长三角地区大上海经济圈南翼重要的工商名城，杭州湾跨海大桥建成后，更是宁波北接上海的门户，处在环杭州湾地区沪、杭、甬三大都市经济金三角的中心。经济在飞速发展，人们的生活节奏加快，传统的思维伴随着渐渐远去的传统生活方式而悄然淡化，历史文化也渐渐成为文化遗产。同时，随着城市化进程和社会主义新农村建设步伐的不断加快，历史文物的生存环境也日益窘迫。

在这种形势下开展的第三次全国文物普查，以全新的文物理念对我们的文物家底进行了全面深入的调查，基本摸清了慈溪全境的文物遗存和分布情况。南部十余处河姆渡文化和商周时期的地下遗址、东部大量清代民国时期的古建筑群、北部以往文物分布"真空地带"中不同类型的近现代史迹等一系列新发现，以及万顺酱园、龙山抗战碉堡群、庵东盐仓等20世纪文化遗产的发现，极大地丰富了我们的文化遗产类型，再次印证了慈溪悠久的历史和深厚的文化底蕴。

继承和保护好这些历史文化遗产，是延续历史文脉、提升城市文化品位的现实需要，是城市现代文明进步的重要标志，也是我们对历史、对人民、对子孙后代负责的必然要求。让我们驻足停留，走近那些被遗忘的角落，重新认识它们，发现它们的文化之美；携起手来，共同守护我们的精神家园，不要让这些历史留给我们最后的记忆，变成我们遥远的回忆。

中共慈溪市委书记　徐华江

2012 年 10 月 10 日

前言
PREFACE

　　2007 年 12 月至 2011 年 12 月，慈溪市按照上级政府及文物部门的统一部署，开展了第三次全国文物普查，对全市范围地面、地下和水下区域进行不可移动文物调查登记。

　　在此次普查中，普查人员足迹遍布慈溪 20 个镇、街道的所有行政村，自然村覆盖率达 98% 以上。通过全面细致的普查，共发现不可移动文物 1165 处，普查古镇、古村落 2 处。其中，重点登录不可移动文物 627 处，登记一般不可移动文物信息点 538 处。涉及古遗址、古墓葬、古建筑、石刻、近现代重要史迹及代表性建筑等 5 大类、36 小类，基本摸清了慈溪境内文物遗存和分布情况。

　　根据普查成果，慈溪市人民政府已及时将其中 23 处公布为市级文物保护单位、35 处公布为市文物保护点；2 处推荐为全国重点文物保护单位，6 处推荐为省级文物保护单位并已由省人民政府公布。

　　为方便大家走近这些文物古迹，直观地了解慈溪的历史文化，我们将其中 627 处重点登记的不可移动文物（其中上林湖越窑遗址等密集分布的窑址整合为四大窑址群），以图集的方式，配以简要说明呈献给读者，与大众共享普查成果。

目录
CONTENTS

古墓葬

【古遗址】

慈溪南部翠屏山横亘，北面濒临杭州湾，东望大海。经历沧海桑田，在杭州湾长年的冲积和东海的潮涨潮落中，北部地区渐次成陆，并在近山平原孕育出早期的原始居民。利用丰富的瓷土资源，便利的水火条件，慈溪先民在上林湖一带创造了辉煌一时的青瓷文明。在明代倭患中，近海的慈溪人民通过不屈的抗争，也留下了大量抗倭遗迹。

（一）先秦遗址

童家岙遗址

遗址位于横河童家岙东北部的田畈中，1979年最早被发现。遗址面积在20000平方米以上，其文化内涵属河姆渡文化早期。2011年被公布为省保单位。

童家岙遗址出土陶器

童家岙遗址出土苇席遗迹

童家岙遗址地貌（南）

童家岙遗址道路遗迹

童家岙遗址出土磨制石器

童家岙遗址地貌(北)

寺下遗址

遗址位于横河东畈村寺下福清寺。遗址包含河姆渡文化层和商周文化层两个地层，总体面积约 5000 平方米。2011 年被公布为市保单位。

寺下遗址出土遗物

寺下遗址地貌(南)

寺下遗址地貌(北)

庙山头遗址(西)

庙山头遗址

　　遗址位于横河石堰村庙山头，为一处小型的河姆渡文化遗址，分布面积在 7000 平方米左右。2011 年被公布为市文保点。

庙山头遗址全景

涂山遗址(西)

涂山遗址

遗址位于横河高家村涂山，遗址的文化层厚度超过 1 米，分布面积约 3000 平方米，是一处小型的河姆渡文化遗址。

涂山遗址全景

胡家山遗址

遗址位于横河东畈村胡家山。遗址面积约 3000 平方米，文化层厚度较薄，分布面积较小，是一处居住时间不长、活动人口较少的小型河姆渡文化遗址。

胡家山遗址全景

胡家山遗址(西南)

雉鸡山遗址全景

雉鸡山遗址

遗址位于匡堰乾炳村雉鸡山东北坡。山顶、山坡分布有唐、五代时期青瓷窑址；山坡下部有商周文化层；山脚地下为约 3000 平方米的河姆渡文化地层。

雉鸡山遗址出土遗物

雉鸡山遗址俯瞰

范家山遗址

遗址位于横河石堰村范家山,为商周遗址。分布面积约 22000 平方米,地表红陶、印纹硬陶、原始瓷残片散布,部分断面可见厚度超过 1 米的文化层。

范家山遗址出土遗物

范家山遗址全景

范家山遗址地表遗物

蒲墩山遗址出土陶片

蒲墩山遗址

 遗址位于横河童岙村蒲墩山,为商周遗址。分布面积约3000平方米,地表散布印纹硬陶片,整体保存状况一般。

蒲墩山遗址全景

老鼠山遗址全景

老鼠山遗址

遗址位于横河童岙村老鼠山。分布面积约 4000 平方米，唐代窑址叠压商周文化层之上，地表散布青瓷、红陶、原始瓷、印纹陶残片。

老鼠山遗址出土陶片

老鼠山遗址出土瓷片

眺头遗址出土陶片

眺头遗址

眺头遗址地表遗物

　　遗址位于横河秦堰村眺头，为商周遗址。分布面积约5000平方米，遗址地表可见印纹硬陶、原始瓷残片和红陶鼎足等遗物分布。

眺头遗址全景

山湾遗址全景

山湾遗址

　　遗址位于横河子陵村山湾，分布面积约 5000 平方米，根据采集物判断为东周时期遗址。所在趴脚坟墩小山坡下散布大量印纹硬陶残片。

山湾遗址地表遗物

伍梅山遗址

遗址位于横河伍梅山南麓,分布面积约 7500 平方米,地表散布印纹硬陶、原始瓷、红陶等;伍梅山上分布大量土墩石室墓,可印证该地商周时期有人类活动。

伍梅山遗址全景

伍梅山遗址地表遗物

伍梅山上一处石室墓

竹岭岗墩下遗址地表遗物

竹岭岗墩下遗址

遗址位于掌起洪魏村竹山岭东,附近羊埠墩、青山等处分布有大量东周土墩石室墓。根据采集物判断,该处遗址为商周遗址,面积约3200平方米。

竹岭岗墩下遗址全景

（二）青瓷窑址

上林湖窑址群

　　窑址群位于桥头上林湖水库，沿岸分布有东汉至北宋青瓷窑址共 114 处，以唐、五代、北宋时期窑址为主。1988 年被公布为国保单位。

上林湖沈家山窑址出土遗物

上林湖黄家庵窑址出土遗物

上林湖荷花芯窑址

上林湖窑址环境风貌

上林湖木勺湾窑址刻"朱"字款窑具

上林湖窑址地面堆积 1

上林湖窑址地面堆积 2

上林湖荷花芯窑址窑炉支烧遗迹

上林湖荷花芯窑址唐代窑炉遗迹

上林湖木勺湾窑址出土
唐代遗物

上林湖横塘山窑址出土
唐代遗物

上林湖窑址说明牌

上林湖荷花芯窑址碑

荷花芯窑址保护棚

白洋湖窑址群

　　窑址群位于观海卫白洋湖西南畔,由12处唐、五代和北宋时期青瓷窑址组成,其中石马弄窑址考古发掘曾出土秘色瓷标本。2011年被公布为省保单位。

白洋湖石马弄窑址地面堆积1

白洋湖石马弄窑址地面堆积2

白洋湖石马弄窑址全景

白洋湖石马弄窑址出土瓷片 1

白洋湖雁鹅岭窑址出土瓷片 1

白洋湖小弄口窑址出土瓷片 1

白洋湖雁鹅岭窑址出土瓷片 2

白洋湖石马弄窑址出土瓷片 2

白洋湖雁鹅岭窑址出土瓷片 3

白洋湖小弄口窑址出土瓷片 2

白洋湖小弄口窑址地面堆积

白洋湖石马弄窑址标志碑

白洋湖石马弄窑址地面堆积

白洋湖湖西山窑址地面堆积

白洋湖湖西山窑址出土瓷片

湖西山窑址

　　窑址位于白洋湖西岸湖西山东麓，为唐代窑址。遗存面积约1500平方米，堆积厚度超过0.5米，器型有大碗、玉璧底碗、执壶、四系罐等。2011年被公布为市保单位。

白洋湖湖西山窑址全景

白洋湖烧火山窑址全景

烧火山窑址

白洋湖烧火山窑址出土瓷片

窑址位于白洋村南部烧火山东北麓，属唐早、中期窑址。遗存面积约 3600 平方米，堆积厚度近 1 米，器型以大碗和玉璧底碗为主。

白洋湖烧火山窑址地面堆积

里杜湖窑址群

　　窑址群位于观海卫里杜湖水库西岸，由15处唐、北宋时期青瓷窑址组成，以北宋刻划花执壶为大宗产品。2011年被公布为省保单位。

里杜湖枫树湾窑址全景

里杜湖大黄山窑址出土瓷片 1

里杜湖大黄山窑址出土瓷片 2

里杜湖窑址地面堆积

里杜湖栗子山窑址环境风貌

里杜湖窑址环境风貌

里杜湖枫树湾窑址标志碑

里杜湖栗子山窑址标志碑

里杜湖栗子山窑址地面堆积1

里杜湖大黄山窑址出土遗物 3

里杜湖大黄山窑址出土遗物 4

里杜湖栗子山窑址出土遗物 1

里杜湖栗子山窑址出土遗物 2

古银锭湖高岭头窑址全景

古银锭湖窑址群

　　窑址群位于匡堰倡隆村、乾炳村,古银锭湖沿岸,包括34处东晋、南朝、唐、五代和两宋时期青瓷窑址,其中7处并入国保单位上林湖越窑遗址,8处列为市保单位(市文保点)。

古银锭湖寺龙口窑址国保标志碑

古银锭湖金鸡岙窑址出土瓷片

古银锭湖瓦片滩窑址地面堆积

古银锭湖低岭头窑址地面堆积

古银锭湖寺龙口窑址出土遗物

古银锭湖瓦片滩窑址出土遗物

古银锭湖寺龙口窑址出土窑具

古银锭湖开刀山窑址全貌

古银锭湖金鸡岙窑址全貌

古银锭湖寺龙口窑址说明牌

古银锭湖雉鸡山窑址地面堆积

古银锭湖雉鸡山窑址地面堆积

古银锭湖寺龙口窑址地面堆积

古银锭湖小姑岭窑址保护标志碑

古银锭湖小姑岭窑址地面堆积

古银锭湖里史家窑址全景

里史家窑址

窑址位于匡堰倡隆村里史家鲤鱼山,属北宋青瓷遗址。遗址分布面积约 1000 平方米,器型有碗、壶、韩瓶、带系罐,陶质匣钵和瓷质匣钵均有发现。

古银锭湖里史家窑址出土瓷片

古银锭湖里史家窑址地面堆积

桃园窑址出土瓷片 1

桃园窑址出土瓷片 2

桃园窑址

桃园窑址地面堆积

窑址位于横河桃园南部癞头山，包括 2 处青瓷窑址，烧造年代包含西晋、唐和北宋。分布面积约 2600 平方米。2011 年被公布为市保单位。

桃园窑址环境风貌

下段窑址现状

下段窑址

窑址位于横河梅园村下段，为宋代窑址。遗址分布面积约 6000 平方米，器物以韩瓶为大宗，釉色以青灰为主，兼烧黑釉产品。

下段窑址地层堆积

下段窑址出土瓷片

（三）海防遗迹

龙山所城卫星照 *

龙山所城保护标志碑

龙山所城

所城位于龙山镇龙山所村，为方形城址，带护城河。据记载汤和于明洪武年间在浙东沿海建御倭体系，主体"一卫二所"即观海卫和三山、龙山二所。1986年被公布为县保单位。

龙山所城远眺

龙山所城北护城河

龙山所城南城墙遗迹

龙山所城东护城河

龙山所城民国时期救火会

龙山所城北城墙遗迹

三山所北城门

　　城门位于浒山北城路，是明代三山所北门遗址，为坐南朝北的城门建筑，由条石错缝砌筑的墙址和五间硬山顶城楼组成。2003 年被公布为市保单位。

三山所北城门城楼建筑

三山所北城门城墙建筑

三山所北城门正立面　　　　　　　　　　　三山所北城门全景

松浦司城遗址卫星照 ﹡

松浦司城遗址

　　遗址位于掌起五姓点村北，为方形城址，带护城河。据记载明初浙东海防体系除一卫二所外，还有松浦、向头、三山、眉山 4 个巡检司。2011 年被公布为市文保点。

松浦司城西城墙遗迹

﹡卫星图翻拍自互联网地图

松浦司城遗址现状

松浦司城南城墙与护城河遗迹

卫山烽火台改建为炮台

卫山烽火台

烽火台位于观海卫城北面卫山之巅，平面呈方形，上下两级呈梯形，以山土夯筑而成。为明代龙山所至三山所之间诸烽火台的总台。1986年被公布为县保单位。

卫山烽火台遗址原貌

它山古迹券顶石上的阴阳鱼石雕

它山古迹北面额书

它山古迹南面额书题款

它山古迹

古迹位于观海卫城北卫山它山岭，以条石筑墙，东西横跨两峰之间山坳，中开拱门，南额刻"它山古迹"，北额"表海安澜"。现存为清嘉庆二年(1797)重修。1986年被公布为县保单位。

它山古迹重修镇峰塔记

它山古迹全貌

石塘山烽火台地面建筑遗迹

石塘山烽火台保护标志碑

石塘山烽火台

　　烽火台位于龙山邱王村北部石塘山，共由三座烽火台组成。明代时属龙山千户所管辖，嘉靖三十五年（1556）在"龙山大战"中发挥了重要作用。2003年被公布为市保单位。

石塘山烽火台三号台全景

石塘山烽火台一号台全景

石塘山全景

柴湾山烽火台石砌台基

柴湾山烽火台顶部建筑遗迹

柴湾山烽火台

烽火台位于龙山金岙村柴湾山,是明代龙山所下辖诸烽燧之一。其整体呈两级梯状,由块石垒成方形。2011年被公布为市保单位。

柴湾山烽火台全景

柴湾山全景

【古墓葬】

从地形上看，慈溪南高北低，『唐涂宋地』之谓指代全境或有失之偏颇，但对于北部平原地区而言则相去不远。因此，目前所发现的古墓葬，从早期的土墩石室墓，到汉唐以来的砖室墓；或是历朝历代、志书见载的名人墓、纪念冢，抑或籍籍无名、寻常百姓的普通墓葬，均是分布在地势较高的南部山区。

（一）土墩墓

石屋山墓

石屋山墓位于横河石堰村王梁石屋山，由2座土墩石室墓组成。其中二号墓较大，墓室宽1.2米，长达20米，用大型石块垒成。1998年由考古人员发掘。

石屋山全景

石屋山一号墓发掘现场

石屋山墓一号墓采集陶片

石屋山墓二号墓墓室

长弄里墓群二号墓墓室

长弄里墓群三号墓封土堆

长弄里墓群

　　墓群位于横河梅湖村长弄里山，共由4个古墓葬组成，均为椭圆形土墩石室墓，时代为东周时期。墓葬周边散布有少量陶片、原始瓷片标本。

长弄里墓群四号墓全貌

西月山墓群

墓群位于横河梅园村西月山,已发现 2 处东周古墓葬,均为土墩墓,其中一号墓石砌墓室暴露。墓周围发现的随葬陶器、原始瓷器碎片。

西月山墓群一号墓暴露的墓室

西月山墓群一号墓全貌

西月山墓群二号墓全貌

桃园山墓群五号墓现状

桃园山墓群

　　墓群位于横河桃园山,包括5座东周时期土墩石室墓,均为椭圆形。多遭盗掘,周围散落有回字形印纹陶碎片及原始瓷等。

桃园山墓群三号墓墓室

桃园山墓群五号墓采集遗物

寺下墓群四号墓现状

寺下墓群

　　墓群位于横河东畈村寺下,共有土墩墓6座。从形制及原始瓷碎片采集物判断为东周时期墓葬。

寺下墓群六号墓采集遗物

寺下墓群三号墓封土

牛头山墓群十一号墓采集遗物

牛头山墓群一号墓采集遗物

牛头山墓群

　　墓群分布于横河牛头山，共由 15 个古墓葬组成，大多为椭圆形土墩石室墓，从墓葬形制及采集物判断为东周时期墓葬。

牛头山墓群十二号墓封土

牛头山墓群八号墓墓室现状

牛头山墓群一号墓墓室现状

下段墓群

　　墓群位于横河梅园村下段。已发现 2 座椭圆形
土墩石室墓，从其形制判断为东周时期墓葬。

下段墓群一号墓

下段墓群二号墓现状

剡岙岭墓群四号墓采集遗物

剡岙岭墓群四号墓墓室

剡岙岭墓群

　　墓群位于横河梅园村剡岙岭，共有土墩墓 4 座。从原始瓷豆残件及部分印纹陶碎片采集物判断为东周时期墓葬。

剡岙岭墓群三号墓封土

彭山墓群三号墓封土

彭山墓群二号墓采集遗物

彭山墓群

　　墓群位于横河彭桥村彭山，由 7 座圆形或椭圆形土墩石室墓组成。根据墓葬形制和周围发现的印纹硬陶推断，墓葬年代为东周时期。

彭山墓群一号墓墓室

开刀山墓群一号墓全貌

开刀山墓群

　　墓群位于匡堰乾炳村王毛尖山,由7座战国时期土墩(石室)墓组成,墓多呈长方形,且均被盗掘,暴露出长方形石砌墓室的局部。

开刀山墓群五号墓散落遗物

开刀山墓群六号墓墓室

开刀山墓群二号墓远眺

雕头山墓群一号墓墓室

雕头山墓群六号墓远眺

雕头山墓群

墓群位于匡堰乾炳村雕头山，由8座东周时期土墩石室墓组成。部分已被盗掘，暴露石砌长方形墓室，周边散布大量席纹、细方格纹等印纹硬陶及原始瓷残片。

雕头山全景

雕头山墓群八号墓采集遗物

雕头山墓群三号墓全貌

马面山墓群二号墓全貌

马面山墓群三号墓封土

马面山墓群一号墓墓室

马面山墓群

　　墓群位于匡堰乾炳村马面山北山头,已发现3处东周古墓葬,均为土墩石室墓,墓室石壁及盖顶石裸露。墓周围散落有随葬陶器、原始瓷器碎片。

长凉山墓群二号墓采集遗物

长凉山墓群九号墓采集遗物

长凉山墓群五号墓封土

长凉山墓群

墓群位于匡堰上林湖长凉山，已发现9座古墓，为东周时期土墩石室墓。周围散布原始瓷及印纹硬陶残片。2011年被公布为市保单位。

长凉山墓群七号墓墓室

长凉山墓群一号墓全貌

鼋头山墓群全景

鼋头山墓群

墓群位于匡堰上林湖鼋头山。由4座椭圆形土墩石室墓组成,从墓葬形制判断为东周时期古墓葬。

鼋头山墓群一号墓全貌

谷公岭墓群二号墓盖顶石

谷公岭墓群四号墓采集遗物

谷公岭墓群

　　墓群位于桥头上林湖谷公岭，为 9 座西周至战国时期的椭圆形土墩墓及石室墓。该墓群基本均遭盗掘，暴露墓室和盖顶石。

五号墓封土

龙虎山墓群一号墓封土

龙虎山墓群二号墓封土

龙虎山墓群

　　墓群位于桥头上林湖龙虎山。包括3座椭圆型土墩墓，以墓形制判断为东周时期古墓葬群。

龙虎山墓群三号墓

前口山墓群一号墓现状

前口山墓群

　　墓群位于观海卫杜湖前口山，包括2座土墩墓和1座砖室墓。从墓葬形制、印纹硬陶及原始瓷判断一、二号墓为东周墓，三号墓为汉代钱纹砖室墓。

前口山墓群二号墓采集遗物

前口山墓群二号墓墓室

三坟头墓群四号墓现状

三坟头墓群一号墓出土遗物

三坟头墓群二号墓墓室

三坟头墓群

墓群位于观海卫里杜湖三坟头山，共有古墓葬5座。从墓葬形制及印纹硬陶采集物判断为东周时期墓葬。

挂鼻山墓群二号墓出土遗物

挂鼻山墓群

墓群位于观海卫杜湖挂鼻山。已发现 3 座土墩石室墓。根据墓葬形制及原始瓷和印纹硬陶残片采集物判断为东周时期墓葬。

挂鼻山墓群二号墓墓室

挂鼻山墓群三号墓封土

象鼻山墓群四号墓墓室

象鼻山墓群

　　墓群位于掌起和观海卫交界处，有8个古墓分布在北峰西南侧山脊线及南峰东北侧山脊线上。大多为椭圆形土墩石室墓，从墓葬周围发现的随葬陶、原始瓷片来判断，其时代当属东周。

象鼻山墓群三号墓封土

象鼻山墓群二号墓墓室

青山墓群二号墓墓砖

青山墓群六号地表落遗物

青山墓群

　　墓群位于掌起洪魏村青山，山顶分布大型土墩石室墓5座，山坡分布多处六朝砖室墓，但已遭盗掘，散布网格纹、钱纹砖等遗物。

青山墓群六号墓墓室

蔡家山全景

蔡家山墓群

墓群位于范市新东村蔡家山，共发现 3 处东周时期土墩墓，封土堆均为圆形，其中一号墓和二号墓封土保存明显，但已遭盗掘。

蔡家山墓群一号和二号墓封土远景

蔡家山墓群一号墓封土

蔡家山墓群二号墓封土

（二）名人墓

严子陵墓

墓位于横河子陵村陈山北坡。严子陵为东汉人，因屡次拒绝光武帝征召而被后世称道。墓坐南朝北，原有神道和石像生，墓侧建祠。现存墓碑，据县志载为明正德八年（1513）绍兴同知屈铨所立，并存民国己未年（1919）后裔谒墓碑。1986年被公布为县文保点。

寺后岭原建有高风亭

严子陵墓遗址

严子陵墓明代墓碑 民国己未年《客星山谒墓记》碑

陈山全景

董黯墓保护标志碑

董黯墓

  墓位于龙山黄杨岙村窖湖南岸。董黯人称董孝子，东汉人，以"母慈子孝"的轶事受汉和帝敕封为"纯德征君"。墓为清代建纪念冢。2003年被公布为市文保点。

董黯墓全景

董黯墓周边环境

迁建后的那罗延墓（右）

那罗延尊者塔

那罗延墓

　　墓位于观海卫五磊寺剩日湾，为竖穴石室墓，已迁葬。现存墓塔镌"开山那罗延尊者之塔"。那罗延为三国时期五磊寺开山祖师。2003 年被公布为市保单位。

五磊山剩日湾

那罗延墓遗迹

袁韶墓保护标志碑

袁韶墓

墓位于观海卫杜岙村解家。现存神道约 500 米，两侧依次分列石马、武将、文臣石翁仲各一对。袁韶为南宋越国公。1986 年被公布为县保单位。

袁韶墓神道

袁韶墓神道文臣石翁仲

袁韶墓神道石马

袁韶墓神道武将石翁仲

莫子纯墓全貌

莫子纯墓

　　墓位于横河乌玉桥村,俗称状元墓,为长方形夯土平顶双室墓。莫子纯为南宋庆元年间状元,卒于嘉定八年(1215)。2003年被公布为市文保点。

莫子纯墓保护标志碑

莫子纯墓前的状元池

勉一墓

　　墓位于掌起任佳溪村灵绪山西南麓，墓主任勉一据县志记载是明万历间方外之人，殁后配食沙湖庙。墓由清乾隆壬午年（1762）后裔任发元所造。

勉一墓墓碑

勉一墓全景

广福庵墓惠南沙弥墓碑

广福庵墓

广福庵墓康熙癸亥年款

　　墓位于掌起任佳溪村后茅山，据碑文记载是在清康熙癸亥年（1683）为建造广福庵的法师所立之墓。墓顶设3座墓塔。2011年被公布为市文保点。

广福庵墓全貌

（三）其他墓

陈山墓群五号石室墓

陈山墓群

墓群位于横河子陵村陈山侧岭榨头山，由14座汉代砖室墓组成。墓封土呈圆锥形，直径多为约12米。该墓群规模较大，保存较好，1986年被公布为县文保点。

陈山墓群一号墓全景

陈山墓群出土遗物

陈山墓群出土墓砖

榨头山远景

陈山墓群六号墓封土堆

雉山墓远景

雉山墓盗洞

雉山墓（太）元九年纪年墓砖

雉山墓

　　雉山墓位于掌起任佳溪村灵湖西岸，雉山东南山脚。纪年砖室墓，由带钱纹的墓砖上"口元九年"纪年推断，属东晋太元九年（384）墓。墓已被盗，有印纹硬陶、红陶等残片出土。

石子山墓墓后部

石子山墓墓外围砌石

石子山墓

石子山墓位于掌起关头石子山，呈椭圆形，东西长 15 米，南北 7.7 米，四周可见石砌围坎，形制较为特殊。未发现器物残存。

石子山墓墓前部封土

西埠头墓夯土墓圹

西埠头墓夯土券顶墓室

西埠头墓

　　西埠头墓位于观海卫杜岙西埠头，里杜湖西岸，封土用黄土夯筑而成。其内部为券顶结构，墓室为三穴并列。未发现随葬品及相关年代信息，其具体年代尚无法判定。

西埠头墓全貌

【石 刻】

慈溪发现的石刻文物数量稀少，类型单一，主要集中在达蓬、伏龙等数处名山或人烟繁盛的沿山地带；但其中也不乏精品。无论是从史料研究价值，还是从展现出的艺术水准上，都不难觅得上乘之作。

佛迹洞外景

佛迹洞淳熙九年题刻

佛迹洞题刻

　　题刻位于龙山达蓬山佛迹洞，共三幅，分别刻于南宋隆兴二年（1164）、淳熙九年（1182）和清康熙丙子年（1695），均为楷书阴刻。2011年被公布为省保单位。

佛迹洞题刻全貌

佛迹洞康熙丙子年题刻

佛迹洞隆兴二年题刻

秦渡庵石刻现状

秦渡庵石刻细部 1

秦渡庵石刻细部 2

秦渡庵石刻

　　石刻位于龙山达蓬山秦渡庵，由左3组、右5组元代航海出行等题材的画像石刻，以及清康熙时期居中凿刻的石龛和题刻组成，推测与徐福东渡传说有关。2011年被公布为省保单位。

秦渡庵石刻石龛

秦渡庵石刻全貌

伏龙山题刻

　　题刻位于龙山伏龙山北侧峭壁。共发现"渐入"、"莫退"、"无量寿佛"、"涌旵"和"玉莲岩"5处阴刻楷书题刻,据史料推测为宋代题刻。2003年被公布为市保单位。

伏龙山"无量寿佛"题刻

伏龙山题刻"莫退"

题刻所在山崖

伏龙山"渐入"题刻

伏龙山"玉莲岩"题刻

伏龙山"涌出"题刻

石谷亭题刻

石谷亭题刻

题刻位于桥头西栲栳山石谷亭,坐西面东,楷书刻"游 乙卯 陈公佑 李撰 杨景谟 黄颂"六行共十三字。据县志载,李撰为北宋熙宁年间越州余姚主簿,题刻应刻于北宋熙宁乙卯年(1075)。1986年被公布为县文保点。

栲栳山古道

石谷亭斗紫石

洞山寺石塔保护标志碑　　　　洞山寺石塔细部

洞山寺石塔

　　石塔位于掌起任佳溪村洞山寺，为宋代建石塔。呈六角形，由残存五级塔身和五级腰檐组成，塔身每面刻浅龛和佛像浮雕。1986年被公布为县保单位。

洞山寺石塔全景

洞山寺石塔全貌

梅梁山题刻所在山岩

梅梁山远眺

梅梁山题刻

题刻位于横河梅湖水库、积庆寺旧址前的巨岩上。楷书"寿"字。据记载积庆寺由南宋资政殿学士史岩之建造,其号"寿乐"。1986 年被公布为县文保点。

梅梁山题刻

茅家石刻石虎

茅家石刻

石刻位于横河龙南村茅家，据判断原为宋墓神道石像生，后被村民移至村中。现存石马、石羊、石虎各一只，原墓葬位置及其他遗迹已无法辨识。

茅家石刻石马

茅家石刻石羊

115

洞山寺题刻全貌

洞山寺题刻远景

洞山寺题刻

　　题刻位于掌起任佳溪村洞山寺,镌刻于古道东侧石壁上。阴文竖刻楷体"阿弥陀佛"四字。据记载洞山寺"始于梁,宋时请额,清乾隆重修",但题刻年代已无考。

寺下石刻西立面

寺下石刻

石刻位于横河东畈村寺下，为单体石马，原为墓神道石像生，现被浇筑于小操场西侧。据其风格判断为明代遗物，原墓葬位置及其他遗迹已无法辨识。

寺下石刻东立面

小桃花题刻外部环境

小桃花题刻

　　题刻位于龙山河头古村桃花岭北麓,当地俗称阿弥陀佛跟。镌刻于山石上,阴刻竖排"南无阿弥陀佛"六字,字体细瘦,似瘦金体,外带桃形边框,无款识。

小桃花题刻全貌

夹岙岭题刻现状

夹岙岭题刻

题刻位于龙山河头古村夹岙岭,阴刻于越岭小路西侧山石上。越岭石板路为旧时山北通往慈城的重要道路之一。题刻竖排楷书"南无阿弥陀佛"六字,无款识。

夹岙岭古道

夹岙岭题刻全貌

【古建筑】

慈溪的历史，贯穿着移民和围垦这两个主题。

每一批新移民的迁入，就伴随着要新开辟一方土地；，每一次向海要地的围垦，也就会有一批人跋涉迁徙，耕耘其中。新移民要扎根陌生的土地，除了解决温饱，住和行需首先解决；，维系宗族情感也逐渐成为精神追求。于是；留存下来最多，也是最直接反映移民和围垦历史的遗迹；就是古建筑。

（一）祠堂寺庙

孙家境祠堂前厅内部

孙家境祠堂

　　孙家境祠堂位于横河孙家境村，坐北朝南，由门厅、前厅、东西厢房、后厅三进建筑组成，占地1666平方米。明代始建，现存为清嘉庆至道光年间重建。1986年被公布为县保单位。

孙家境祠堂东厢房

孙家境祠堂门厅

孙家境祠堂前厅

孙家境祠堂前厅前廊

孙家境祠堂前立面

孙家境祠堂后厅内部

孙家境祠堂后厅

罗家祠堂门楼外立面

罗家祠堂

罗家祠堂位于匡堰龙舌村,坐北朝南,由门楼、中进、后厅和东西厢房组成三进院落,占地 670 平方米。据记载前进建于 1936 年;中、后进始建于明初,现存为清代重建。2011 年被公布为市文保点。

罗家祠堂正厅

罗家祠堂后厅前廊双步梁

罗家祠堂东立面围墙

罗家祠堂后厅梁架

罗家祠堂门楼明间过弄

罗家祠堂外观全貌

林西高家祠堂正厅明间柱础

林西高家祠堂

高家祠堂位于逍林镇林西村，坐北朝南，分别由门厅、东西厢房及正厅组成四合院，占地570平方米。清初建筑。

林西高家祠堂外观全貌

林西高家祠堂正厅抬梁结构

林西高家祠堂正厅前廊双步梁

林西高家祠堂正厅内部

横新塘高家享堂

高家享堂位于逍林新园村,坐北朝南,由前厅、后厅及两厢组成四合院,占地494平方米。据记载由高嘉明建于1743年,原为逍林高氏一族支系祭祀、宗族活动场所,称为享堂。

横新塘高家享堂后立面

横新塘高家享堂外观全貌

横新塘高家享堂前厅明间抬梁

"斯是陋室"匾

横新塘高家享堂前厅明间

横新塘高家享堂天井甬道

叶氏修敬堂外观全貌

叶氏修敬堂

　　修敬堂位于观海卫鸣鹤上街，坐北朝南，现存五开间正厅及三开间两厢，占地161平方米。清中晚期建筑，为鸣鹤叶姓宗族聚会场所。

叶氏修敬堂墙头彩画　　　　　　　　叶氏修敬堂内部梁架

叶氏修敬堂檐下装饰

叶氏崇敬堂马头墙

原鸣鹤知青厂门头

叶氏崇敬堂

　　崇敬堂位于观海卫鸣鹤禹王山南，坐北朝南，由正屋和东西厢房组成，占地 420 平方米。据记载为温州叶同仁堂创始人叶心培曾孙叶青玉创建，作为叶同仁堂的公堂，清中晚期建筑。

叶氏崇敬堂砖雕花窗

叶氏崇敬堂厢房前廊檐下装饰

叶氏崇敬堂天井

叶氏崇敬堂东立面

鸣鹤王家祠堂后厅

鸣鹤王家祠堂门厅梁架

鸣鹤王家祠堂

　　王家祠堂位于观海卫鸣鹤中街，坐北朝南，由门厅和后厅组成"凸"字形布局，占地714平方米。清中晚期祠堂建筑，后厅内收藏有"年高德劭"匾。

鸣鹤王家祠堂后厅抬梁

鸣鹤王家祠堂前临老街

鸣鹤王家祠堂门厅外观

后厅悬挂民国大总统颁发给叶鸿年"年高德劭"匾

官房弄叶氏堂屋柱头科斗拱装饰

官房弄叶氏堂屋

官房弄叶氏堂屋位于观海卫鸣鹤中街，清中晚期祠堂建筑。坐北朝南，现仅存一进五开间硬山顶平房，堂屋在"大跃进"及"文革"时期，曾为仓库，内壁上保留着大量的宣传壁画，有一定历史特色。

官房弄叶氏堂屋全景

官房弄叶氏堂屋内部梁架

官房弄叶氏堂屋前廊月梁

后方桥方氏宗祠门厅

后方桥方氏宗祠

　　方氏宗祠位于观海卫方家村后方桥，坐北朝南，由门厅、厢房及正厅组成，占地626平方米。门厅东侧立有清道光二年(1822)祠产碑。清代祠堂建筑。

后方桥方氏宗祠公产告示碑

后方桥方氏宗祠门厅抱鼓石

后方桥方氏宗祠正厅　　　　　　　　后方桥方氏宗祠正厅内部

后方桥方氏宗祠前景

后方桥方氏宗祠正厅前廊卷棚　　　　　　　　后方桥方氏宗祠门厅前廊

团前方家祠堂前廊卷棚月梁

团前方家祠堂明间抬梁

团前方家祠堂

　　方家祠堂位于观海卫上横街村团前方，坐北朝南，原有二进，现存后进正厅，为五开间平房，占地 200 平方米。清代祠堂建筑。

团前方家祠堂前景

团前方家祠堂前廊

典渡桥清节祠后进明间柱础

典渡桥清节祠

　　清节祠位于观海卫湖东村典渡桥，原为坐北朝南四合院式结构，现存前后两进各七开间平房，占地 1248 平方米。据记载为清代七三房宓氏方太夫人出资建造。2011 年被公布为市文保点。

典渡桥清节祠前景

典渡桥清节祠前进前廊牛腿木雕

典渡桥清节祠前进明间梁枋木雕

典渡桥清节祠前进前廊月梁木雕

典渡桥清节祠后进外景

典渡桥清节祠后进明间

典渡桥清节祠前进明间

典渡桥清节祠后进前廊卷棚

宓氏九睦堂前进门厅

宓氏九睦堂

　　九睦堂位于观海卫湖东村上新屋冯家，坐北朝南，由五开间前进门厅、东西各三开间厢房及七开间后进正厅组成，占地 1250 平方米。清代建筑，原为宓氏宗祠。2011 年被公布为市文保点。

宓氏九睦堂外景

宓氏九睦堂前进后廊

宓氏九睦堂前进前廊

宓氏九睦堂后进

宓氏九睦堂门楣

宓氏九睦堂后进明间梁架

宓氏九睦堂前进后立面

宓氏九睦堂东厢房

裘家祠堂

　　裘家祠堂位于掌起裘家村，坐北朝南，共三进，由门厅、前厅和前厢房、后厅和后厢房组成，占地1060平方米。东侧门旁嵌有1921年禁碑。据记载祠堂始建于明代。2011年被公布为市文保点。

裘家祠堂门厅

裘家祠堂后厅前立面

裘家祠堂前厅明间柱础

裘家祠堂墙头彩绘

裘家祠堂前厅梁架结构

裘家祠堂民国禁碑　　　　　　裘家祠堂后厅三合土地面

裘家祠堂前景

裘家祠堂后厅内部梁架　　　　　　　　　　　裘家祠堂前厅

任氏祠堂外景全貌

任氏祠堂

任氏祠堂位于掌起任佳溪上宅,坐北朝南,原为四合院式,现存三间门厅及三开间正厅,占地 780 平方米。据记载建于清乾隆年间。

任氏祠堂门厅梁架

任氏祠堂正厅前廊

任氏祠堂正厅

任氏祠堂门厅

任氏祠堂正厅梁架

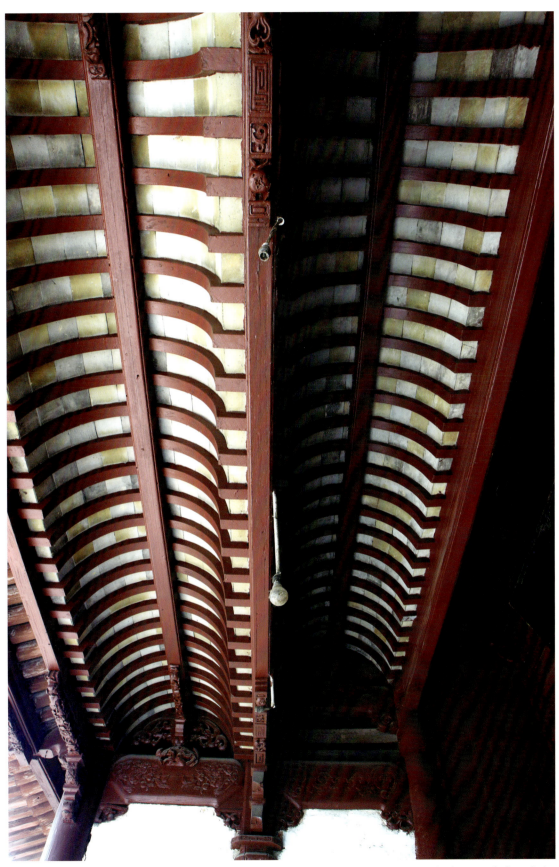

任氏祠堂门厅前廊双卷棚

陈氏星聚堂后立面

陈氏星聚堂内景

陈氏星聚堂正厅梁架

陈氏星聚堂

　　星聚堂位于掌起陈家村老街,坐北朝南,由正厅三开间、后楼三开间与东西厢房各八间一弄组成,占地1444平方米。清代祠堂建筑,据称为陈氏西房太公创建于乾隆年间。

陈氏星聚堂正厅格扇门

陈氏星聚堂正厅月梁

陈氏孔敬堂前景

陈氏孔敬堂

　　孔敬堂位于掌起陈家村,坐北朝南,由门厅三间与正厅三间组成,东西各带五间厢房,占地 590 平方米。清代祠堂建筑。据记载孔敬堂旧名大石桥祖堂,此处为后建陈氏大泽桥房祠堂。

陈氏孔敬堂正厅前廊柱头

陈氏孔敬堂大门门楣

陈氏孔敬堂正厅梁架

陈氏孔敬堂内景

陈氏孔敬堂石雕花窗 1

陈氏孔敬堂石雕花窗 2

陈氏孔敬堂石铺甬道

洪魏洪家祠堂外观全貌

洪魏洪家祠堂

洪家祠堂位于掌起洪魏村洪家，坐北朝
南，由五开间门厅、五开间正厅组成，占地 468
平方米。正厅内存有清光绪十三年(1887)"睦
二公碑记"。系清晚期洪氏西房一支祠堂。

洪魏洪家祠堂睦二公碑

洪魏洪家祠堂正厅柱础

洪魏洪家祠堂前景

洪魏洪家祠堂正厅抬梁

洪魏洪家祠堂正厅前廊卷棚

洪魏洪家祠堂门厅梁架

洪魏洪家祠堂正厅

周氏余庆堂外观全貌

周氏余庆堂正厅抬梁

周氏余庆堂门厅前廊月梁

周氏余庆堂

余庆堂位于龙山东渡村河斗周,坐西朝东,由二进各三开间平房组成,占地229平方米。清中期周氏祠堂,河斗周氏据称乃刘伯温后裔,为避灭族之祸而改姓周。

周氏余庆堂门厅明间

周氏余庆堂门厅梁架

周氏余庆堂正厅格扇门

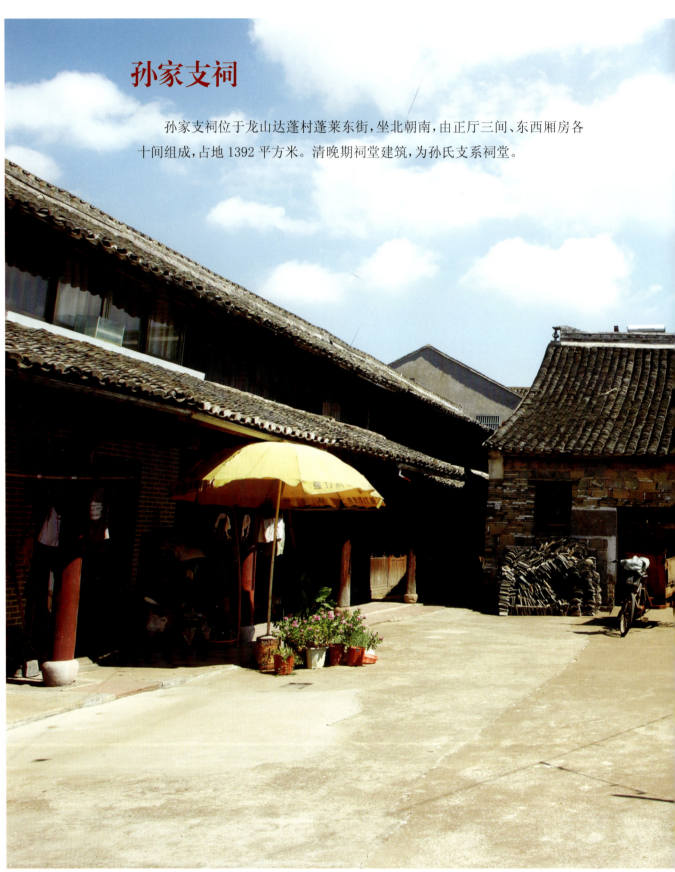

孙家支祠

　　孙家支祠位于龙山达蓬村蓬莱东街,坐北朝南,由正厅三间、东西厢房各十间组成,占地 1392 平方米。清晚期祠堂建筑,为孙氏支系祠堂。

孙家支祠外观全貌

孙家支祠正厅

孙家支祠正厅抬梁

孙家支祠正厅前廊

孙家支祠西厢房

孙家支祠南立面

叶氏玉树堂前景

叶氏玉树堂

　　玉树堂位于龙山田央村，坐北朝南，由二进各三开间平房组成，占地327平方米。后厅嵌有清光绪年间记事碑一方。据记载始建于清嘉庆年间，光绪时重建，为叶氏祠堂。

叶氏玉树堂后厅内景

叶氏玉树堂前厅梁架

叶氏玉树堂后厅梁架

叶氏玉树堂后立面

东门外王家祠堂中厅前廊月梁

东门外王家祠堂光绪十年碑（两方）

东门外王家祠堂

王家祠堂位于龙山东门外村，坐北朝南，原有三进建筑，现存门厅五开间、中厅五开间、东西厢房各七开间，占地 1531 平方米。内有清光绪十年（1884）祠堂碑记两方。清代祠堂建筑。

东门外王家祠堂中厅

东门外王家祠堂门厅八字墙砖雕

东门外王家祠堂前景

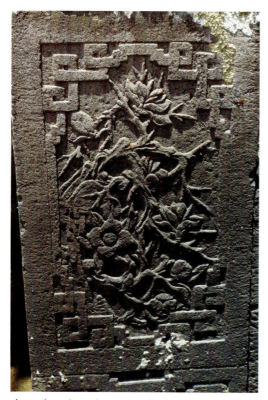

东门外王家祠堂门厅八字墙石雕1

东门外王家祠堂中厅内景

东门外王家祠堂门厅八字墙石雕 2

东门外王家祠堂门厅梁架

东门外王家祠堂东厢房梁架

花墙门陈氏宗祠

陈氏宗祠位于周巷花墙门,坐北朝南,现存主楼七开间二层楼房,及两厢各二间二层楼房,占地280平方米。清中晚期祠堂建筑。

花墙门陈氏宗祠内部梁架

花墙门陈氏宗祠经改建的前廊

花墙门陈氏宗祠后立面

花墙门陈氏宗祠鸟瞰

灵龙宫

灵龙宫位于掌起任佳溪村下宅,西邻沙湖庙,坐北朝南,共两进,由宫门、戏台、大殿及左右厢房五部分组成,占地648平方米。据记载清道光年间建造,又名龙宫,祀石陡龙神。1982年被公布为县保单位。

灵龙宫大殿前廊

灵龙宫外观全貌

灵龙宫戏台

灵龙宫飞檐角梁

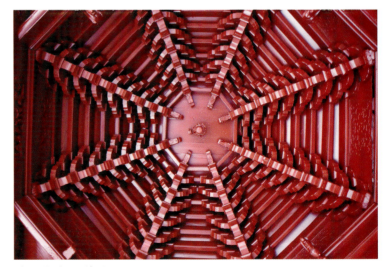

灵龙宫戏台藻井

灵龙宫大殿前廊卷棚

灵龙宫壁画

灵龙宫门厅

沙湖庙正殿前廊卷棚

沙湖庙正殿梁架

沙湖庙

　　沙湖庙位于掌起任佳溪村下宅,灵龙宫西北,坐北朝南,由墙门、门厅、戏台、正殿及两侧的偏殿组成,占地 736 平方米。清代建筑,据记载在灵龙宫之前建造,原为土谷神庙,附祀石陡龙神。2003 年被公布为市保单位。

沙湖庙外观全貌

沙湖庙戏台

沙湖庙戏台飞檐

沙湖庙正殿前廊

沙湖庙正殿前立面

沙湖庙门厅前廊柱头装饰

沙湖庙门厅

广福庵前景

广福庵门头

广福庵

广福庵位于掌起任佳溪村后茅山,坐北朝南,为三合院式建筑,由三开间东西厢房和七开间正殿组成,占地480平方米。清代建筑,东侧有清康熙时期广福庵师太墓。

广福庵西厢房

广福庵老井

广福庵正殿

柴家庙

　　柴家庙位于掌起柴家村,又称慈庄庙,坐北朝南,由门厅、戏台、正殿和厢房组成,占地 560 平方米。门厅嵌有清道光二十九年(1849)和咸丰七年(1857)的"奉宪勒石"碑各一方。清代庙宇建筑。

柴家庙外观全貌

柴家庙道光二十九年官府公示碑

柴家庙咸丰七年宗族公示碑

柴家庙正殿

柴家庙正殿前廊卷棚

柴家庙戏台顶部

柴家庙门厅

柴家庙戏台石柱楹联（右）

柴家庙门厅内部梁架

柴家庙戏台残存顶部和石柱

柴家庙戏台石柱楹联（左）

下圣庵外观全貌

下圣庵

　　下圣庵位于掌起东埠头村，又称下通天庙，坐西朝东，正殿为五开间高平房，占地315平方米。据记载原有上、下通天庙，是为纪念晋竹林七贤中的刘伶而设。下圣庵据称建于清中期，1949年迁建至此。

下圣庵正殿明间抬梁

下圣庵正殿

下圣庵正殿前廊

下圣庵月梁花篮细部

上松浦庙门厅

上松浦庙门厅前廊

上松浦庙门厅梁架

上松浦庙

上松浦庙位于掌起五姓点村，又称罗家庙，坐北朝南，由五开间门厅、三开间东西厢房及五开间正殿组成，占地480平方米。据介绍建于清康熙年间。

上松浦庙正殿梁架

上松浦庙正殿西山墙彩绘

上松浦庙正殿

下梅林庙前院门

下梅林庙正殿前廊

下梅林庙

　　下梅林庙位于龙山邱王村,坐北朝南,原有前殿、戏台和正殿,现存正殿,占地305平方米。据记载原有上、下梅林庙,为纪念明抗倭名将胡宗宪(字梅林)而建,附祀戚继光,现存为清代建筑。1982被公布为县保单位。

下梅林庙南厢房

下梅林庙正殿

下梅林庙正殿明间

下梅林庙正殿内部梁架

下梅林庙正殿前廊月梁

药王殿大殿

药王殿

　　药王殿位于龙山潘岙村,坐南朝北,由三开间大殿及偏殿组成,占地 483 平方米。据记载原神祀汉冯异,清乾隆十四年(1749)重建,奉药王菩萨神农氏。2003 年被公布为市文保点。

药王殿方形雕花柱础

药王殿大殿梁架

药王殿大殿檐下木雕

药王殿门头

药王殿大殿前廊

药王殿前景

正觉庵正门

正觉庵内部梁架

正觉庵

正觉庵位于龙山河头古村，正殿已毁；偏殿坐北朝南，原为九开间，现存五开间，占地126平方米。清代建筑。

正觉庵外观全貌

正觉庵放生池

山前庙门厅

山前庙

　　山前庙位于观海卫鸣鹤翁家岙，东接吕祖殿，坐北朝南，三开间平房，占地297平方米。据传清中期白洋三仙庙迁至此，由叶、俞、翁、岑四姓联合建造，原供奉张仙、华佗、吕祖三仙。2011年被公布为市保单位。

山前庙门厅内部

山前庙西山墙上磨砖花窗

山前庙外观全貌

山前庙正厅前廊小卷棚

山前庙正厅梁架

山前庙门厅卷棚顶

山前庙正厅内部

吕祖殿前廊

吕祖殿

　　吕祖殿位于观海卫鸣鹤翁家岙,西邻山前庙,坐北朝南,为三开间单体建筑,占地 107 平方米。原祀吕洞宾,清中晚期建筑,建成晚于山前庙。2011 年被公布为市保单位。

吕祖殿前景

吕祖殿内景

吕祖殿内部梁架

吕祖殿前廊卷棚

天妃宫（又名天后宫）

天妃宫道光二十年碑记

天妃宫

　　天妃宫（又名天后宫）位于观海卫天妃宫村，原称海德庵，坐北朝南，现存五开间正屋，占地200平方米。内有清道光二十年（1840）捐资碑记。据称始建于明隆庆三年（1569），现存建筑由五里韩氏建于清代，祀天后娘娘。1986年被公布为县文保点。

218

天妃宫后进(原名海德庵)

天妃宫海德庵前景

天妃宫海德庵明间梁架

天妃宫大殿

资西寺门厅梁架

资西寺门厅

资西寺

　　资西寺位于观海卫塘下村,坐西朝东,原有山门、大雄宝殿、藏经楼及偏殿,现存五开间大雄宝殿,占地225平方米。据记载明万历年间由里人沈堦为真拙和尚建造,原为资西庵,清乾隆五年(1740)改为寺。1986年被公布为县文保点。

资西寺前景

资西寺大殿

资西寺大殿梁架

普惠寺大殿外观现状

普惠寺

　　普惠寺位于观海卫城隍庙,坐北朝南,现存前后两进平房,前进三开间,后进五开间大殿,占地404平方米。清代寺庙建筑。1986年被公布县文保点。

普惠寺前进后檐牛腿

普惠寺前进内部

普惠寺大殿内部梁架

樟树庙东立面

樟树庙旧石香炉

樟树庙

　　樟树庙位于匡堰樟树村，现存坐北朝南五开间建筑，前部分为凉亭，后部分为正殿，西接三开间关帝殿，占地372平方米。据介绍为清咸丰元年（1851）由岑氏自庙家山迁来。

樟树庙后立面

樟树庙侧殿关帝殿

樟树庙前立面

樟树庙前廊梁架

樟树庙内部梁架

樟树庙正殿明间

百花庵

百花庵位于古塘界牌村百花庵庙跟，又称法华庵，坐西朝东，为三开间大殿，占地60平方米。清末期庵庙建筑。

百花庵柱础

百花庵明间梁架

百花庵大门

百花庵前景

福缘庵

　　福缘庵位于崇寿傅家路村老街,坐北朝南,由三开间前殿、戏台、九
开间后殿及东西各三开间偏殿组成,占地 815 平方米。清光绪年间建。

福缘庵戏台遗迹

福缘庵西偏殿侧门磨砖额书

福缘庵戏台楹联（左）

福缘庵戏台楹联（右）

福缘庵前景

福缘庵前殿山墙彩绘

福缘庵前殿梁架

定水寺虞世南纪念馆

定水寺

　　定水寺位于观海卫杜岙村解家，为唐初名臣虞世南故里。据记载，虞生于鸣鹤，逝后陪葬昭陵，其故宅改为清泉寺。南宋时越国公袁韶出资修缮并易名定水寺。今仅存遗址。1986 年被公布为县保单位。

定水寺现状

定水寺外部环境

虞世南故里保护标志碑

虞世南故里纪念碑

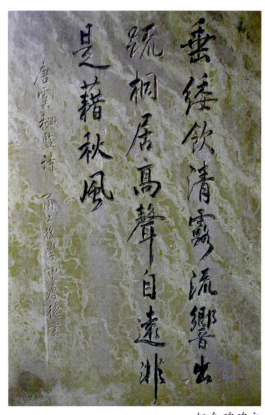

纪念碑碑文

（二）衙署学堂

邱洋税关旧址

　　旧址位于龙山邱王村邱洋，现存坐北朝南三间正屋、东偏房三间和门头，院中有水塘，原为通海运河的一段，占地 424 平方米。据记载，清康熙二十四年（1685）朝廷设浙海关，邱洋被定为浙东 17 处对外贸易口岸之一。2011 年被公布为市保单位。

邱洋税关旧址正屋

邱洋税关旧址门头

邱洋税关旧址东厢房

邱洋税关旧址石窗

邱洋税关旧址花格窗

邱洋税关旧址西院门顶八卦砖雕脊饰

邱洋税关旧址院内

显志学校旧址

　　旧址位于掌起陈家村,坐北朝南,原为三进,现存中进、后进各七间二弄平房,占地918平方米。由上海"鼎记"烟叶行老板陈达华、陈达夫兄弟于1913年在家乡创建,又称义屋。2011年被公布为市保单位。

显志学校旧址外观全貌

显志学校旧址后天井

显志学校旧址前廊卷棚顶

显志学校旧址中进前廊

崇义学堂旧址柱网

崇义学堂旧址

　　旧址位于掌起裘家村,坐北朝南,现存七开间平房,占地225平方米。据记载清同治九年(1870),里人裘普乔和侄子裘景恂在此创办崇义堂义学。2011年被公布为市文保点。

崇义学堂旧址外观全貌

崇义学堂旧址明间

崇义学堂旧址明间梁架

（三）宅第民居

叶氏新五房门厅八字墙砖雕

叶氏新五房

　　新五房位于观海卫鸣鹤，坐北朝南，由正院的照壁、门厅、主楼、东西厢房及跨院的两进偏房组成，占地2050平方米。存有清宣统元年(1909)《七代生讳忌辰日期牌》，记录叶氏十五世祖叶子蕃以下七代先祖的生辰忌日。清中晚期民居，由鸣鹤叶氏五房后人建造。2011年被公布为省保单位。

叶氏新五房主楼

叶氏新五房门框石雕 1

叶氏新五房门框石雕 2

叶氏新五房照壁

叶氏新五房地垄透气孔

叶氏新五房古井

叶氏新五房七代生讳忌辰日期牌

叶氏新五房前弄

叶氏新五房门厅

叶氏新五房主楼前廊

叶氏新五房门厅双层卷棚轩

叶氏廿四间头前天井

叶氏廿四间头主楼披檐转角处牛腿

叶氏廿四间头

廿四间头位于观海卫鸣鹤，为坐北朝南三进庭院，由门厅、主楼、后楼以及前后两部厢房组成，占地 1564 平方米。据记载清中期由叶青玉兴建，稍早于崇敬堂。2011 年被公布为市保单位。

叶氏廿四间头主楼前廊花篮

叶氏廿四间头厢房前廊牛腿

叶氏廿四间头东立面

叶氏廿四间头前门

叶氏廿四间头院门八字墙石雕

叶氏廿四间头后天井

银号前天井

银号

　　银号位于观海卫鸣鹤，坐北朝南，共由五进建筑组成，占地 2862
平方米。第三进正厅有清沈祖梁等人的官报数张。清代民居，兼具商贸
建筑性质，据传曾为盐仓蜡烛堂，亦曾开设钱庄，故被称为银号。2011
年被公布为市文保点。

银号院门门头磨砖字

银号院内门头磨砖字

银号前廊牛腿

银号后楼前立面

银号官报 1

银号砖窗 1

银号保护标志碑

银号官报 2

银号门楣石雕

银号前楼后立面

257

银号砖窗 2

叶家大厅正厅明间梁架（东）

叶家大厅正厅内部

叶家大厅

　　叶家大厅位于观海卫鸣鹤，坐北朝南，原为三进格局，现存第一进三开间门厅，第二进三开间正厅，占地 1872 平方米。据介绍为明代叶氏武状元所建。2011 年被公布为市文保点。

叶家大厅前天井

叶家大厅正厅

叶家大厅正厅明间梁架(西)

叶家大厅正厅前廊小卷棚

261

岑家门头

    岑家门头位于观海卫鸣鹤，坐北朝南，由三开间门厅、七间二弄主楼、三开间东西厢房、三开间西侧房和三开间灶间组成，占地1182平方米。建造者岑球，字仲琳，经商致富；鸦片战争和太平军战至宁波时，曾两次组织团练乡勇保境。2011年被公布为市文保点。

岑家门头砖雕脊饰

岑家门头东外墙上民国阳台

岑家门头西厢房

岑家门头后立面

岑家门头西厢房前廊木雕

岑家门头主楼前廊木雕

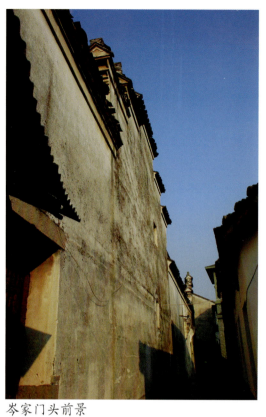

岑家门头前门门楣

岑家门头前景

岑家门头楼前立面

岑家门头东厢房前立面

岑家门头石雕花窗

岑家门头石雕透气孔

盐仓五马山墙院门

盐仓五马山墙

　　五马山墙位于观海卫鸣鹤盐仓,坐西朝东,为三间二弄二层楼房,南北山墙作五级马头墙,占地 373 平方米。清代民居,以当地唯一完整五级马头墙,被直呼五马山墙。2011年被公布为市文保点。

盐仓五马山墙院内天井

盐仓五马山墙外观全貌

盐仓五马山墙石雕地垄透气孔

盐仓五马山墙正屋

叶氏小五房门头八字墙砖雕

叶氏小五房后院门头

叶氏小五房

　　小五房位于观海卫鸣鹤，北临街河，坐南朝北，现存两进建筑，由五开间门厅、三开间主楼和四开间西厢房组成，占地432平方米。清代民居，与老五房、新五房等同属叶氏五房一族，俗称小五房。

叶氏小五房全景

叶氏小五房主楼

叶氏小五房门头

叶氏小五房主楼前廊牛腿

姚氏敦本堂

姚氏敦本堂磨砖花窗 1

　　敦本堂位于观海卫鸣鹤,坐北朝南三进庭院,头进为三间两弄楼房,中进为三间两弄平房,后进为三间一弄平房,占地 896 平方米。清晚期民居,姚姓房主在杭州经营药材生意。2011 年被公布为市文保点。

姚氏敦本堂后立面

姚氏敦本堂主楼明间

姚氏敦本堂主楼前廊月梁

姚氏敦本堂磨砖花窗 2

姚氏敦本堂磨砖花窗 3

姚氏敦本堂磨砖花窗 4

姚氏敦本堂主楼明间后部

姚氏敦本堂主楼

叶氏大六房天井内

叶氏大六房

　　大六房位于观海卫鸣鹤,坐北朝南,现存后进四合院,由三开间门厅、七间两弄主楼和两开间东西厢房组成,占地 1439 平方米。据介绍为叶子蕃后裔所建,清中晚期民居。

叶氏大六房院门

叶氏大六房门楣石雕

叶氏大六房主楼前廊

叶氏大六房厢房前廊牛腿

叶氏大六房主楼前立面

范家弄冯宅主楼

范家弄冯宅

　　冯宅位于观海卫鸣鹤范家弄，坐北朝南，由门厅、三间两弄主楼及三开间平屋组成，占地 476 平方米。清中晚期民居，据称祖上姓冯。

范家弄冯宅前院墙

范家弄冯宅主楼前廊

范家弄冯宅主楼明间格扇门

范家弄冯宅主楼前廊月梁

范家弄冯宅后进花格窗

279

鸣兴方氏旧宅西山墙上的石刻花窗

鸣兴方氏旧宅

　　方氏旧宅位于观海卫鸣鹤,坐北朝南,为三开间二层楼房,占地214平方米。清晚期民居,1935年由方粲然买入,其后裔涌现出三机部供应局局长方致远等各行业人才。

鸣兴方氏旧宅楼梯护栏

鸣兴方氏旧宅前院墙

鸣兴方氏旧宅正屋前廊

鸣兴方氏旧宅正屋西次间

鸣兴方氏旧宅西院墙

鸣兴方氏旧宅后天井

鸣兴方氏旧宅前院门石雕门楣

顾家弄王家宅

　　王家宅位于观海卫鸣鹤，坐西朝东，为五间二弄二层楼房，占地 725 平方米。清晚期民居，由王家祠堂账房先生王船康的祖辈建造。

顾家弄王家宅石雕花窗

顾家弄王家宅正屋

顾家弄王家宅南立面

顾家弄王家宅马头墙

顾家弄王家宅前院

顾家弄王家宅鸟瞰

裘氏小新房侧立面

裘氏小新房地基透气孔

裘氏小新房窗白

裘氏小新房

小新房位于观海卫鸣鹤裘家，为坐北朝南二进庭院，由台门、五间两弄主楼、三开间厢房及七开间杂间组成，占地766平方米。据称为清代鸣鹤药材商裘子舆建造，清中晚期民居。

裘氏小新房前天井

裘氏小新房主楼前廊

裘氏小新房前廊月梁

裘氏小新房大门门头砖雕

裘氏小新房侧门上的磨砖字匾

裘氏小新房前景

裘氏小新房楼梯弄

楼家三间头后楼玻璃格扇门　　　楼家三间头"致号"匾

楼家三间头

　　三间头位于观海卫鸣鹤中街,坐北朝南,前后共两进,均为三开间二层楼房,占地 709 平方米。前楼为清光绪年间建造,后楼为民国初期民居。与邻近的五开间建筑同属楼氏一族,分别被称为三间头、五间头。

楼家三间头俯瞰

楼家三间头前楼

楼家三间头前院

楼家三间头西围墙脊饰

楼家三间头西立面

楼家五间头院门顶部灯系

楼家五间头前天井

楼家五间头

　　五间头位于观海卫鸣鹤,坐北朝南,为五开间二层楼房,占地
314平方米。据传为楼姓药商所建,清晚期民居。与东面三间头隔弄
相邻,人称五间头。

楼家五间头后立面

楼家五间头前景

楼家五间头正屋明间格扇门　　　　　　　　　　　　　　　楼家五间头正屋前廊

叶氏淡仁园东厢房前廊牛腿

叶氏淡仁园正屋

叶氏淡仁园

　　淡仁园位于观海卫鸣鹤，为坐北朝南庭院，平面呈"凹"字形，由三合院带两侧偏房组成，占地1284平方米。叶淡仁为叶氏三房后裔，据传曾任某地县令，其宅院人称淡仁园，约建于清乾嘉时期。

叶氏淡仁园全景

叶氏淡仁园西楼梯

叶氏淡仁园原院门石门框

叶氏淡仁园西厢房

叶氏三房大院

三房大院位于观海卫鸣鹤，为坐西朝东庭院，由门厅和七间二弄二层主楼组成，占地466平方米。由鸣鹤叶氏三房一族所建，清中晚期民居。

叶氏三房大院马头墙

叶氏三房大院明间格扇门

叶氏三房大院柱头牛腿残件

叶氏三房大院前立面

叶氏三房大院磨砖脊饰

叶氏三房大院地基透气孔

观察第西叶宅前院墙

观察第西叶宅

　　叶宅位于观海卫鸣鹤,坐北朝南,现存门厅及五开间主楼,占地401平方米。清中晚期民居,据称曾为"观察使"府第的一部分。

观察第西叶宅窗臼

观察第西叶宅主楼前廊

观察第西叶宅主楼明间格扇门

观察第西叶宅门头背面

上街东路俞家老宅

　　俞家老宅位于观海卫鸣鹤，坐南朝北，为五开间二层楼房，占地229平方米。明间存"守仁堂"匾。据传为鸿坤米店老板在太平天国时期建造，东隔壁为民国时期所建新宅。

上街东路俞家老宅西立面

上街东路俞家老宅透气孔

上街东路俞家老宅"守仁堂"匾

上街东路俞家老宅后廊月梁

上街东路俞家老宅花窗

上街东路俞家老宅前立面

上街东路俞家老宅后廊

方家弄旧医院老屋前院墙

方家弄旧医院老屋

旧医院老屋位于观海卫鸣鹤，坐北朝南，现存五开间二弄二层楼房，占地 525 平方米。清晚期民居，解放初曾为鸣鹤医院，是鸣鹤历史上较早的西医院，故被称为旧医院老屋。

方家弄旧医院老屋主楼前廊月梁

方家弄旧医院老屋天井

方家弄旧医院老屋主楼

叶氏燕桂堂厢房前廊牛腿

叶氏燕桂堂

　　燕桂堂位于观海卫鸣鹤，坐北朝南，原为三进庭院，现存中进五开间二层楼房及两厢各二间，占地434平方米。据称为叶氏族人建于清咸丰年间，原规模较大，是鸣鹤较有名的民居建筑。

叶氏燕桂堂外景

叶氏燕桂堂天井内景

叶氏燕桂堂窗臼

叶氏燕桂堂院门背面

俞氏广大门头

广大门头位于观海卫鸣鹤,坐北朝南,由门厅、三开间主楼、六间一弄二层厢房组成四合院,占地968平方米。清中晚期民居,因房主俞广大而被称为广大门头。

俞氏广大门头院门门头

俞氏广大门头厢房前廊牛腿

俞氏广大门头前廊卷棚

俞氏广大门头前景

俞民广大门头主楼前廊

俞氏广大门头天井内景

俞氏广大门头东厢房明间格扇门

俞氏小三房主楼

俞氏小三房

　　小三房位于观海卫鸣鹤,坐北朝南,原为二进庭院,前进毁于太平天国战火;现存后进五间二弄二层楼房,占地702平方米。清中晚期建筑,房主据传为布行街"信成专售洋货布疋"店的老板。

俞氏小三房东立面

俞氏小三房主楼前廊

上街"信成"号

俞氏小三房石雕花窗

中街张宅天井

中街张宅

　　张宅位于观海卫鸣鹤中街,坐北朝南,由前、后楼组成,均为三开间二层楼房,占地 266 平方米。清末民居,据称堂名"怀仁堂",为清末官宦人家宅第。

中街张宅外观全貌

中街张宅院门

中街张宅后楼

中街张宅前楼

中街张宅后楼牛腿

方家门头

　　方家门头位于观海卫鸣鹤中街，为坐北朝南二进二层楼庭院，现存前楼、后楼及东厢房，占地 1100 平方米。清晚期民居，据传原被称为进士门头，其祖上曾为高官。

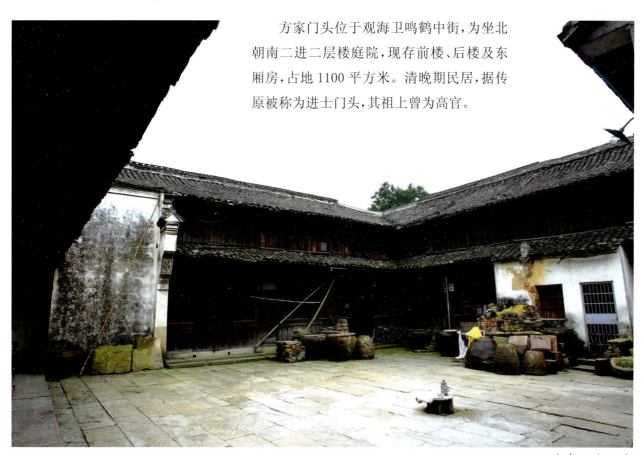

方家门头天井

方家门头东厢房

方家门头前楼背立面

方家门头东厢房侧立面

方家门头墙头彩画

存仁弄叶宅

叶宅位于观海卫鸣鹤，坐北朝南，原为二进，现存门厅、三开间主楼及三开间西偏房，占地 383 平方米。清晚期民居，据称为太平天国后期由叶姓族人所建。

存仁弄叶宅院门

存仁弄叶宅主楼后天井

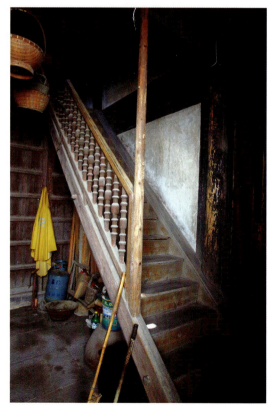

存仁弄叶宅楼梯弄

存仁弄叶宅主楼前廊月梁

存仁弄叶宅前院墙

湖塘下徐家大屋

徐家大屋位于观海卫湖滨村湖塘下，为坐北朝南的四合院，由三间二弄前楼、三间三弄主楼和东西厢房各一间组成，占地 313 平方米。清晚期民居，徐姓房主在杭州、镇海等地经营餐饮业。

湖塘下徐家大屋天井

湖塘下徐家大屋"克开厥后"磨砖字

湖塘下徐家大屋全景

湖塘下徐家大屋门头砖雕

湖塘下徐家大屋牛腿木雕

湖塘下徐家大屋前景

矮桥头楼家大屋石雕花窗

矮桥头楼家大屋

楼家大屋位于观海卫湖滨村矮桥头,坐北朝南,原有两进,现存后进三合院,由正屋及东西厢房组成,占地554平方米。清代民居,其东掖门外小河上有矮桥,故名矮桥头。

矮桥头楼家大屋后立面

矮桥头楼家大屋主楼前廊

矮桥头楼家大屋东披门

矮桥头楼家大屋西厢房外立面

矮桥头楼家大屋主楼次间前门

矮桥头楼家大屋前天井

新屋里严家宅前景

新屋里严家宅雕花格扇窗

新屋里严家宅

　　严家宅位于观海卫昌兴村严家新屋里，坐北朝南，由五开间前、后楼，九间二弄东、西厢房，及九开间东、西偏房组成，占地2100平方米。清末民居，据介绍由严氏太公建造。

新屋里严家宅磨砖花窗1

新屋里严家宅东厢房

新屋里严家宅后楼

新屋里严家宅偏房天井内

新屋里严家宅前楼

新屋里严家宅西厢房

新屋里严家宅磨砖花窗 2

福山后新屋正屋前廊月梁

福山后新屋

后新屋位于观海卫福山村，坐北朝南，由门厅、七间两弄正屋和两间一弄厢房组成四合院，占地1619平方米。清代民居，据介绍祖上有父子两代皆为举人，曾悬"大学士"匾。

福山后新屋外观

福山后新屋正屋明间梁架

福山后新屋正屋明间门楹雕花

福山后新屋格扇窗

福山后新屋磨砖花窗

福山后新屋马头墙

聚星桥阮宅后天井

聚星桥阮宅

　　阮宅位于观海卫福山村聚星桥南,坐北朝南,前后共三进,均为三开间平房,占地 572 平方米。据介绍初建于明嘉靖严嵩掌权时期,由阮献公建造。现存建筑为清代所建。

聚星桥阮宅门白

聚星桥阮宅头进门厅

聚星桥阮宅后进

聚星桥阮宅中进

聚星桥阮宅中进梁架

聚星桥阮宅后进前廊